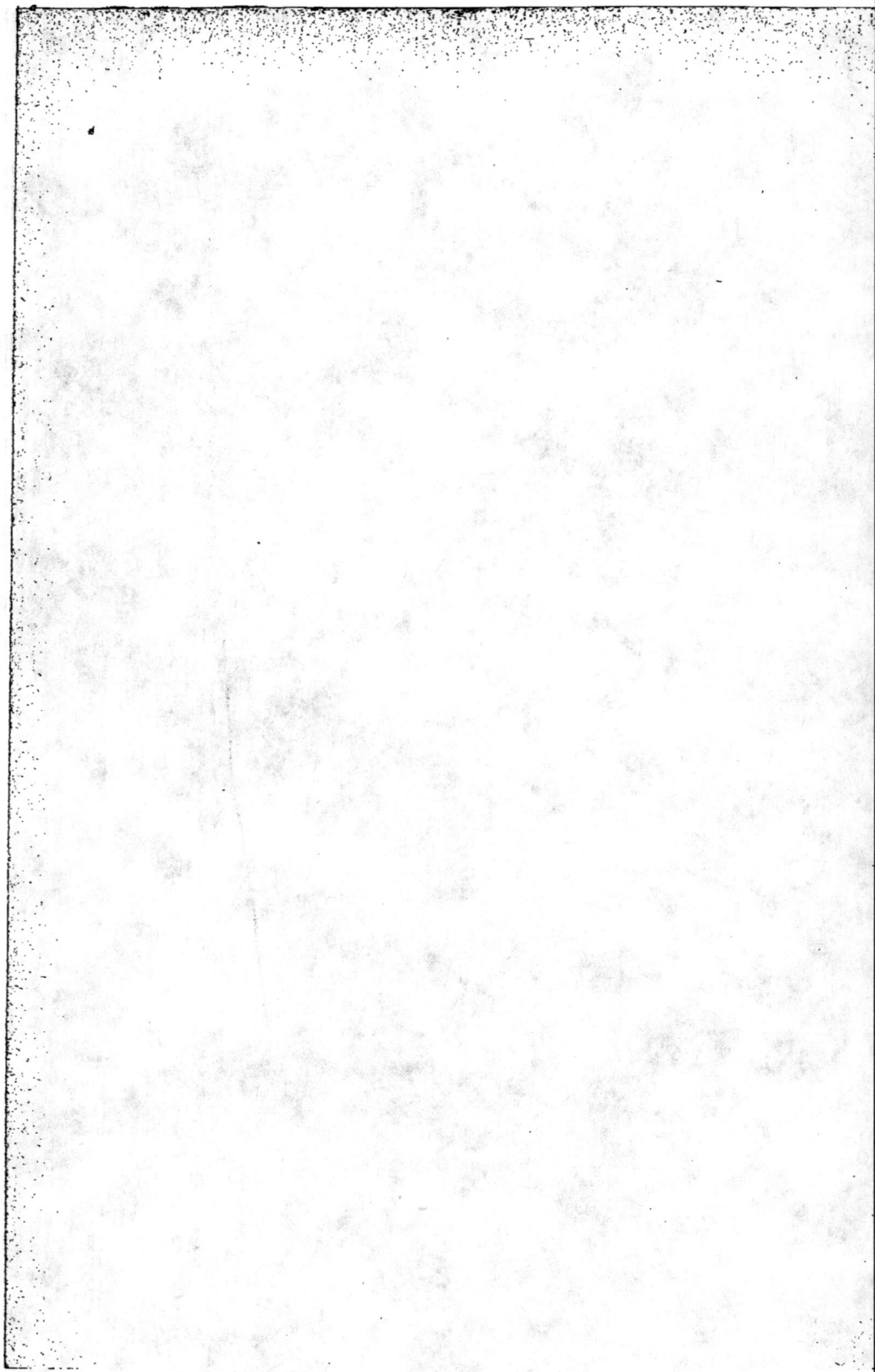

LES TROIS

SIÉGES D'HUNINGUE

1796 — 1814 — 184...

Par Ch. LENOIR

CHEF DE BATAILLON DU GÉNIE

BERGER-LEVRAULT ET Cie, ÉDITEURS

PARIS | NANCY
5, RUE DES BEAUX-ARTS | 18, RUE DES GLACIS

1896

Extrait de la *Revue du Génie militaire*.

LES

TROIS SIÉGES D'HUNINGUE

1796 — 1814 — 1815

La petite place d'Huningue, sur le Rhin, à une demi-
lieue en aval de Bâle, a eu l'honneur de soutenir en
1796, en 1814 et en 1815, trois siéges glorieux et dignes
de compter parmi les plus beaux faits de l'histoire militaire.

La relation de celui de 1796 a été donnée, au lendemain
des événements, par Chrétien de Méchel, célèbre graveur
bâlois. Son livre, dédié aux militaires de toutes les na-
tions, et composé d'après les renseignements émanant
des officiers du génie et d'artillerie de l'un et l'autre
camp, a été publié à Bâle en 1798 sous le titre de « *Relation impartiale des événements mémorables de la campagne de
1796* ».

M. Franck Latruffe, dans son ouvrage : « *Huningue et
Bâle devant les traités de 1815* », imprimé à Paris en 1863,
a réuni les historiques des trois siéges, que le commandant Azibert a résumés dans son récent livre des « *Siéges
célèbres* [1] ».

Nous avons fait à ces relations d'importants emprunts,
et les avons complétées d'après les documents inédits des
archives de la guerre et du Dépôt des Fortifications.

La création de la place, dont Vauban avait donné les
plans, remontait à 1682.

---

1. Un volume gr. in-8°, 400 p. 1890. Paris, chez Delagrave.

Le corps de place, sur la rive gauche du fleuve, était formé d'un pentagone presque régulier, fortifié dans le premier système de Vauban, avec tenailles, demi-lunes, deux ouvrages à cornes et avant-chemin couvert.

L'île de la Batterie ou du Marquisat, désignée aussi sous les noms d'île des Veaux, d'île des Cordonniers, et comprise pour moitié dans le territoire de Bâle, était occupée par un ouvrage à cornes, avec ravelin, couvrant le pont de bateaux qui établissait la communication de l'île à la terre ferme ; sur la rive droite enfin, séparé de l'île par un bras mort du Rhin, un autre ouvrage à cornes, couvert par une grande demi-lune, formait tête de pont.

Les fortifications de la rive droite et de l'île furent une première fois rasées en 1697, en exécution des stipulations du traité de Ryswick : la démolition, toutefois, dut n'être pas bien complète, car Vauban, visitant Huningue en 1703, constatait la possibilité, moyennant une dépense relativement peu considérable de 186 850 livres, de rétablir la place en son premier état « et même mieux ».

En 1709, en effet, pendant la guerre de la Succession d'Espagne, le général du Bourg releva rapidement la tête de pont, mais une clause du traité de Rastadt, qui mit fin en 1714 à la guerre, en imposa de nouveau à Louis XIV la démolition.

Relevés encore au début de la guerre de la Succession d'Autriche, les ouvrages de la rive droite et de l'île furent de nouveau, par une stipulation du traité d'Aix-la-Chapelle (1748), condamnés à être détruits.

Les fortifications d'Huningue, au moment où s'ouvrirent les guerres de la République, se réduisaient donc au corps de place de la rive gauche, complété par quelques petits ouvrages avancés : la lunette de Bâle, celle de Bourgfeld, celle de Bourglibre, celle des Jardins, le fort étoilé, etc. Une petite redoute carrée, avec vieille tour à mâchicoulis antérieure à la construction de la place, faisait sentinelle du côté de Bâle.

SIÉGE DE 1796

(26 octobre 1796 — 1ᵉʳ février 1797).

Moreau venait d'achever sa célèbre retraite à travers les défilés de la Forêt-Noire. Le 26 octobre, à midi, les derniers bataillons français passèrent le Rhin à Huningue : le même jour, les Autrichiens, sous les ordres du prince de Furstemberg, prenaient pied sur le plateau qui domine la rive droite du fleuve à 1200 m.

Le Directoire, au début de la campagne d'Allemagne, avait ordonné de relever les fortifications de la rive droite et de l'île des Cordonniers ; mais, faute d'être payés, les paysans réquisitionnés dans les villages du Haut-Rhin désertaient les chantiers, et les intentions du Gouvernement n'avaient été que fort imparfaitement remplies.

Moreau en conçut un vif mécontentement et ne dissimula pas ses inquiétudes.

« J'ai trouvé — écrivait-il le 27 au Ministre de la « Guerre — la tête de pont en un état affreux et pas à l'abri « d'un coup de main. Plusieurs raisons ont occasionné « cette négligence : on a voulu faire un camp retranché « sur les hauteurs de Friedlingen, et au lieu de s'occuper « d'un objet avant l'autre, on a fait marcher les deux ou- « vrages de front, de sorte que tous deux n'étaient qu'ébau- « chés. J'ai les plus grandes craintes de ne pouvoir con- « server ce débouché si l'ennemi attaque avec vigueur. « J'ai chargé le général Abbatucci de ce soin, et je vous « assure que personne n'en est plus capable.

« Il n'est pas de moyens que je n'emploie pour conser- « ver ce poste important : pour le moment, je n'ai d'espé- « rance que dans le courage des troupes ; dans quelques « jours, on pourra compter sur les moyens de l'art.... »

Les ouvrages de la tête de pont, aux derniers jours d'octobre, étaient en effet dans le plus pitoyable état ; « on « n'aurait pu raisonnablement espérer les défendre avec

« d'autres troupes que les nôtres », écrivait un des héros
du siége.

L'ouvrage à cornes 1, de l'île des Cordonniers, avait
été rétabli dans la forme qu'il avait avant le traité de
1748. La destruction, d'ailleurs, avait été faite précipitamment : on s'était contenté de jeter les parapets dans
les fossés et de démolir les escarpes au ras du sol naturel,
si bien qu'en relevant l'ouvrage, on trouva sur son pour-
tour un bon demi-revêtement de 10 à 12 pieds d'épaisseur.
Au début du siége, il était loin toutefois du relief qu'il
aurait dû avoir ; ses revêtements intérieurs n'étaient pas
commencés, pas de banquettes, aucun logement, à peine
deux petits magasins à munitions en état de servir, point
de palissadement ni de fermeture.

Quant à l'ancien ouvrage à cornes de la rive droite, le
général Boisgérard [1] avait jugé bon de lui substituer une
lunette 3, dont les faces s'alignaient aux saillants des
demi-bastions de l'ouvrage 1 ; la face gauche tirait son
flanquement d'une batterie 7 construite dans l'île, la face
droite n'était pas flanquée. Cette lunette, au 26 octobre,
n'était guère avancée : les fossés étaient loin d'être à profondeur et l'on avait trouvé de vieux pans de maçonnerie
de 12 à 15 pieds d'épaisseur qui les traversaient de bord
en bord à hauteur de la berme.

L'armement n'était pas en meilleure situation : pas une
plate-forme n'était prête, et l'on avait en toute hâte, et
tant bien que mal, placé quelques pièces de campagne sur
les points essentiels.

_____

1. BARBUAT DE BOISGÉRARD, général du génie. Né à Tonnerre en 1767, il
assista comme capitaine au siége de Mayence en 1793. Chargé en 1796
de la reconstruction de la tête de pont d'Huningue, il alla ensuite, comme
commandant en second du génie, prendre part à la défense de Kehl.
   Il passa plus tard à l'armée d'Italie, sous Championnet, et contribua
activement aux succès de cette armée qui furent couronnés par la con-
quête du royaume de Naples. Boisgérard ne vit pas la fin de cette glorieuse campagne ; il avait été tué en janvier 1799, quelques jours avant
l'entrée des Français à Naples, au cours d'une reconnaissance de la place
de Capoue, dans laquelle Mack venait de s'enfermer.

Tel était l'état de la tête de pont lorsque Moreau en confia le commandement à Abbatucci, qui venait de se distinguer à l'arrière-garde de l'armée. Il disposait d'une garnison d'environ 3000 hommes, formée de la 3e demi-brigade d'infanterie légère, des 56e et 89e demi-brigades de ligne, plus une réserve de quinze compagnies de grenadiers.

Le prince de Furstemberg avait treize bataillons d'infanterie, 12 escadrons de cavalerie, un parc d'artillerie et un du génie, en tout une quinzaine de mille hommes.

Abbatucci s'attendait à ce que son adversaire, profitant de sa supériorité et de la faiblesse des ouvrages, essayât de les enlever de vive force; mais durant les trois premières semaines, les Autrichiens s'occupèrent à se retrancher sur le plateau, et la garnison mit à profit ce précieux répit pour perfectionner du mieux possible ses défenses. On échangea seulement quelques canonnades sans effet.

Les officiers du génie, naturellement, avaient dû licencier les ouvriers civils, et tout le travail se faisait par main-d'œuvre militaire. Le soldat se trouvait ainsi avoir droit à une gratification de quelques sous que la pénurie des caisses ne permettait pas de lui payer : de là beaucoup de mauvaise volonté, des murmures et d'incessantes récriminations, à tel point que le chef du génie n'osait plus se montrer, pour n'être pas assailli de doléances qu'il était impuissant à satisfaire. « Les soldats ne travaillent que « l'argent à la main », — écrivait-il au général en chef en lui rendant compte de ses embarras, — « et sans ce puis- « sant mobile, on ne saurait les faire aller, quelques soins « qu'on se donne. »

Vers le 15 novembre, cependant, les Autrichiens sortant de leur inaction, commencèrent à descendre du plateau et à établir dans la plaine leurs premières batteries de siège (batteries Ferdinand). C'était le temps où la garnison s'employait le plus activement à ses ouvrages ;

aussi, pour ne pas attirer sur ses gens le feu de l'ennemi, Abbatucci se résigna-t-il à ne pas contrarier les établissements de l'assiégeant. La canonnade ne prit sérieusement que quelques jours plus tard, lorsqu'on vit les Autrichiens dessiner leurs attaques sur la gauche et travailler à plusieurs grosses batteries (batteries Charles et Élizabeth) qu'ils destinaient à rompre le pont de bateaux.

Le canon, tant de la place que de la tête de pont, étant impuissant à gêner beaucoup leurs travaux, Abbatucci, sur l'avis du chef du génie Casimir Poitevin[1], résolut d'opposer aux Autrichiens des ouvrages avancés, et fit commencer, dans la nuit du 25 au 26, à 300 m de la tête de pont et à moins de 600 m de l'ennemi, deux redans 5 et 6, joints par une tranchée, que l'on réussit à achever et armer en quelques nuits.

Il en rendit compte à Moreau le 26 : « Nous avons pris « le parti de faire des travaux de contre-approche, et nous « commençons cette nuit à cheminer aussi le long du Rhin ; « nous leur éviterons ainsi la moitié du chemin et quand « nous serons à portée, je ferai travailler les hussards à « pied de Cassagne. »

Le 28, au matin, le prince de Furstemberg lui ayant fait sommation d'avoir à lui rendre la tête de pont dans

---

1. CASIMIR POITEVIN, général du génie, né à Montpellier en 1772, mort à Metz en 1829.

Capitaine en 1793, chef de bataillon l'année d'après, il eut une part active dans les premières campagnes de la République, servit en 1796 sous Moreau dans la campagne d'Allemagne et devint l'âme de la défense de la tête de pont d'Huningue.

Colonel à 25 ans, en récompense des services rendus pendant le siège, il fit plus tard partie de l'expédition d'Égypte, fut prisonnier du fameux Ali, pacha de Janina, et passa trois ans dans les cachots de Constantinople.

Général en 1805, il assiste à la bataille d'Austerlitz, reçoit en 1806 le gouvernement de la Dalmatie, commande en 1811-1812 le génie du corps du prince Eugène, et met le sceau à sa réputation par sa belle défense de Thorn qui ne se rendit qu'après quatre mois de blocus et douze jours de tranchée ouverte, le feu et la maladie ayant réduit la garnison des deux tiers. Il fit la campagne de 1813 et passa en 1814 sur l'Escaut.

Baron de l'Empire, la Restauration le fit lieutenant-général et vicomte de Maureillan.

un délai de trois heures[1], Abbatucci répondit simplement qu'il s'étonnait qu'on pût lui faire de telles ouvertures[2]. Aussitôt l'ennemi ouvrit un feu violent de toutes ses batteries, tant de la plaine que des points du plateau d'où il voyait le pont. Après quatre heures d'une furieuse canonnade à laquelle on riposta vigoureusement, et au cours de laquelle un malencontreux boulet vint briser la cinquenelle du pont, dont les bateaux partirent à la dérive, le général autrichien s'imaginant avoir déconcerté son adversaire, envoya un second parlementaire pour exiger la reddition de la tête de pont, la garnison demeurant prisonnière de guerre[3]; cette outrageante sommation n'eut pas

1. « Les avantages réels et pas moins évidents que la nature du terrain, « à l'aide de l'art, offre à mon artillerie et à mes troupes, me décident, « Monsieur le Général, à vous sommer de faire abattre et lever dans l'es- « pace de trois heures, à compter du moment où l'officier de l'état-major « général vous remettra ma lettre, le pont de communication que vous « avez sur le Rhin entre le fort d'Huningue et les ouvrages construits l'été « passé et consolidés depuis peu sur l'île vulgairement appelée des Cor- « donniers et ses dépendances.
« Vous ne pouvez vous dissimuler, Monsieur le Général, que l'arrière- « saison et des raisons militaires ne permettent plus d'envisager avec des « yeux d'indifférence ni l'existence du pont, ni celle des ouvrages en ques- « tion, dont la démolition s'exige; par conséquent, vous concevez aussi « que si, contre toute attente, vous vous opiniâtriez sur le projet de vouloir « vous ménager ce pont, de garder et de défendre par telle communication « quelconque les ouvrages qui le couvrent, il en doit nécessairement ré- « sulter une perte considérable des plus braves soldats de nos armées et « des vôtres, sans compter les sacrifices involontaires de plusieurs victimes « innocentes et de leurs propriétés.
« Je vous demande par le porteur de la présente une réponse décisive « en vous prévenant, Monsieur le Général, que toute espèce de délai qui « surpasserait le terme de trois heures sera regardé comme un refus à « ma demande. »
2. « Je ne m'attendais pas, Monsieur le Général, à être sommé de re- « plier le pont du Rhin et de démolir les ouvrages qui le couvrent, au « moment où ceux-ci viennent d'être mis à leur perfection, et que, par « d'autres ouvrages avancés, ils augmentent continuellement de force. « Voilà, Monsieur le Général, quelle est ma réponse : vous n'ignorez pas « sans doute que la menace d'un bombardement inutile et uniquement « funeste aux habitants ne saurait influer aucunement sur notre résis- « tance. »
3. « Les circonstances dans lesquelles vous vous trouvez ne me laissent « aucun doute que vous accepterez les propositions que je vous fais.
« Vous vous rendrez prisonnier de guerre en remettant entre mes mains « les canons, armes, et tout attirail militaire qui se trouvent dans les deux

plus de succès que celle de la matinée[1]. La rupture du pont, cependant, était un accident des plus graves, capable de démoraliser des troupes moins fortement trempées : mais le soldat ne s'en émut pas autrement, et ce fut un assaut de joyeuses plaisanteries sur le compte de cette singulière tête de pont sans pont !

On s'occupa sans retard de rétablir les communications; on essaya d'un pont de radeaux, d'une traille, mais faute de moyens, on ne put de tout le siége rétablir un passage permanent. A partir du 28 novembre, les échanges entre la place et la tête de pont ne se firent plus que par le moyen de quelques bateaux dont chacun pouvait porter au plus 80 hommes; à la fin de décembre, il en restait trois en état de servir. Les assiégés essayèrent de renflouer ceux du pont rompu, qui étaient allés s'échouer à quelques kilomètres d'Huningue, mais les Autrichiens faisaient bonne garde et toutes les tentatives furent sans succès. On imagine aisément combien, avec des moyens aussi réduits, et sous le feu des batteries qui enfilaient le fleuve à toute portée, les communications devaient être périlleuses; cependant, bien que quelques-unes aient été touchées et leurs passagers tués ou blessés, les assiégés eurent la chance de n'avoir pas une seule barque coulée. Les pontonniers, trop peu nombreux, eurent à assurer un service continuel de jour et de nuit; leur zèle ne se démentit pas un instant pendant les trois mois du siége.

Les deux jours qui suivirent furent calmes, mais dans la soirée du 30, après avoir rouvert sur la tête de pont une vigoureuse canonnade, le prince de Furstemberg ordonna une attaque de nuit.

On a évalué à 6 000 hommes l'effectif des troupes qu'il

« ouvrages avancés à la rive droite du Rhin; je vous donne, Monsieur le
« Général, un quart d'heure de réflexion. »

1. « Quelles que soient les circonstances où je me trouve, Monsieur le
« Général, j'espère vous prouver que je n'en suis pas encore à vous rendre
« la tête de pont d'Huningue et encore moins à recevoir les conditions
« honteuses que vous me proposez. »

y fît concourir. Il les divisa en trois colonnes. La première, dirigée sur le flanc gauche de la lunette 3, devait essayer de pénétrer par la gorge dont le palissadement n'était pas complet; la seconde avait pour objectif le saillant, encore inachevé, qu'elle devait escalader; la troisième devait entrer en ligne au moment de l'attaque de l'ouvrage à cornes de l'île des Cordonniers, et assaillir la branche de droite.

A 11 heures du soir, les Autrichiens abordent vivement nos avant-postes, les délogent et arrivent presque aussitôt qu'eux à la lunette. Malgré une résistance acharnée, ils réussissent à s'en emparer, à se reformer et à marcher sur l'ouvrage à cornes (le bras mort du Rhin était presque à sec ou du moins avait si peu d'eau qu'il ne constituait pas un obstacle). Jamais acharnement ne fut pareil à celui que mirent à la défendre les défenseurs de la lunette. Attaqués sur tout le développement des faces et en même temps par la gorge, ils se battaient partout avec la même vigueur. On allumait les mèches des obus avec les tisons des bivouacs et on les jetait à la main dans les fossés remplis d'assaillants : les Autrichiens qui avaient pénétré par la gorge disputaient à nos canonniers nos pièces qu'ils voulaient tourner sur le grand ouvrage. On s'assommait à coups de crosse et de palissade : le canon ne servait plus à lancer les boulets, on se les envoyait à la main. Cette héroïque mêlée dura plus d'un quart d'heure; une partie des défenseurs parvint à regagner l'ouvrage à cornes, le plus grand nombre fut égorgé.

L'attaque de l'ouvrage à cornes devait être soutenue, comme nous l'avons dit, par une troisième colonne qui, longeant le territoire suisse, avait ordre de se diriger sur le saillant du demi-bastion de droite, d'attendre l'attaque partant de la lunette et d'assaillir alors la longue branche. Heureusement pour nous, le mouvement ne se fit pas avec toute la précision convenue; maîtres de la lunette et impatients de poursuivre leurs avantages, les Autrichiens, sans attendre la troisième colonne, se portent sur l'ouvrage à cornes ; ils sont reçus par une fusillade si vive qu'ils ne peuvent parvenir jusqu'au fossé. Pendant qu'on les tient ainsi en respect, leur tuant et blessant beaucoup de monde, la troisième colonne qui, s'étant égarée, avait passé sur le territoire suisse [1], se présente à son tour devant la branche droite ; on la reçoit par une terrible décharge de mousqueterie, et le colonel Neflingen qui la commandait ayant été tué, elle se replie précipitamment dans le plus grand désordre.

Les Autrichiens, cependant, se maintenaient dans la lunette ; quelques-uns des leurs, passés sur la rive gauche du petit bras du Rhin, s'étaient embusqués dans une maisonnette au saillant du ravelin 2, maisonnette qui fut plus tard démolie lors de la construction de cet ouvrage, d'où ils faisaient sur les nôtres un feu très gênant. A la tête de quelques grenadiers de la 89e demi-brigade, Abbatucci, suivi de son état-major, réussit à les déloger, mais au moment d'aborder la lunette, il y eut un moment d'hésitation. Les mêmes soldats, qui tout à l'heure avaient fait derrière le retranchement la meilleure contenance, hésitaient à se porter en avant, et il fallut pour les enlever la fermeté, l'intrépidité et l'exemple d'un chef qu'ils aimaient. A sa voix, ils s'élancent, tout cède à l'impétuosité de leur attaque et les Autrichiens s'enfuient en désordre, laissant le terrain couvert de leurs morts.

Cette sanglante action, qui avait duré près de trois heures, coûta aux Autrichiens 1 200 tués ou blessés ; nous eûmes, de notre côté, plus de 300 hommes hors de combat,

---

1. Quelques jours après cette affaire, le général Ferino, d'accord avec notre ambassadeur Barthélemy, adressa à la Diète helvétique d'énergiques protestations au sujet de cette violation d'un territoire neutre, et prouva qu'elle n'avait pu être commise qu'avec la connivence des autorités militaires suisses.

Les magistrats de Bâle essayèrent d'abord de donner le change et de s'en tirer par des explications évasives, mais devant l'attitude menaçante de Ferino, ils vinrent bientôt à composition et ordonnèrent une enquête à la suite de laquelle furent emprisonnés les principaux officiers qui commandaient les postes de surveillance de la frontière.

parmi lesquels le brave Abbatucci, mortellement frappé d'une balle au moment où il débusquait l'ennemi de la lunette. Rapporté dans sa tente, il eut encore la force d'annoncer à Moreau son succès, et de lui signaler ceux de ses officiers qui s'étaient le plus distingués. Sa lettre, qu'il a signée d'une main ferme, est écrite à 3ʰ du matin :

« Comme je vous l'avais marqué, mon Général, l'en-
« nemi nous a attaqués à 11 heures du soir. L'impétuosité
« de leur attaque et leur grand nombre leur a donné un
« moment d'avantage ; ils sont parvenus à s'emparer de la
« demi-lune de vive force, mais une sortie que nous fîmes
« de l'ouvrage à cornes les a bientôt chassés.

« Nous avons fait une bonne quantité de prisonniers,
« les fossés des ouvrages sont remplis de leurs morts ;
« après nous être emparés de la demi-lune, nous avons
« abîmé l'ennemi avec des pierres que nous lui jetions du
« haut des parapets. Y étant moi-même en ce moment, je
« reçus une balle dans le bas-ventre qui m'a traversé le
« corps et mis hors de combat.

« Je ne puis m'empêcher de vous faire encore l'éloge
« de Cassagne [1] que je vous recommande, ainsi que les
« citoyens Morel et Vignes [2], tous deux chefs de brigade

---

1. CASSAGNE, né à Toulouse le 31 décembre 1762, mort le 26 novembre 1833.

Entré au service en 1779, il était encore sous-officier en 1791 ; son avancement fut alors des plus rapides ; chef de brigade le 24 juin 1794, il commanda successivement la 7ᵉ, puis la 3ᵉ demi-brigade d'infanterie légère, et prit part à toutes les campagnes sur le Rhin.

Général de brigade le 26 octobre 1800, sa santé éprouvée par trois blessures et par les fatigues de la guerre, ne lui permit pas de prendre part aux grandes guerres de l'Empire : il dut se faire relever en 1806 d'un commandement au 2ᵉ corps de la Grande-Armée. Commandant de la Légion d'honneur à la création, il fut fait baron de l'Empire, et, à la Restauration, chevalier de Saint-Louis. Aux Cent-Jours, il accepta du service et fut nommé commandant de la place de Philippeville qui se rendit aux Prussiens le 8 août ; la Commission d'enquête sur les capitulations de places fortes décida que sa conduite en cette circonstance était exempte de tout reproche.

Il fut mis à la retraite le 4 septembre 1815.

2. VIGNES, né à Montpellier le 5 octobre 1769.

Débuta en décembre 1792 comme sous-lieutenant à la légion du Nord,

« de la 56ᵉ; le second a reçu deux coups de feu, l'un au
« poignet, l'autre à la cuisse. Le capitaine Foy [1] mérite
« tous les éloges possibles : il a donné dans cette affaire
« des preuves d'un courage à toute épreuve. »

Le surlendemain 2 décembre, à 11 heures du matin,
Abbatucci expirait, emportant avec lui les regrets de toute
l'armée [2].

Les jours d'après furent assez calmes, les Autrichiens
se contentant de tirer de leurs batteries Charles et Élizabeth, sans toutefois réussir à couler aucune de nos barques. Les assiégés, de leur côté, s'attendant à une nouvelle attaque de vive force, redoublèrent de surveillance
afin de pouvoir, à la première alerte de nuit, éclairer le
terrain des approches. On approvisionna de fascines gou-
dronnées chacun des postes avancés ; on mit aussi en batterie quelques mortiers destinés à lancer des pots à feu.

---

fut capitaine l'année suivante. Le 20 août 1794, il était nommé, à l'élec-
tion, chef du 1ᵉʳ bataillon de Parthenay, et promu chef de brigade à la
56ᵉ le 8 novembre 1795.

Il passa dans la suite à l'armée d'Italie, obtint le 6 février 1798 le brevet
de général de brigade et fut tué à l'affaire de Lignago, sous Mantoue, le
26 mars suivant.

1. Foy, né à Ham en 1775, mort à Paris le 28 novembre 1825.

Élève de l'école d'artillerie de La Fère, il assista comme lieutenant à la
bataille de Jemmapes, le 6 novembre 1792, et fut nommé peu après capitaine. Incarcéré pour propos contre-révolutionnaires et déféré au tribunal
révolutionnaire, il dut la liberté au 9 thermidor. Il servit ensuite avec la
plus grande distinction sous Moreau et Masséna, mais son avancement n'en
fut pas moins relativement peu rapide, et il n'avait encore que le grade de
colonel quand il fut envoyé dans la Péninsule en 1808. Il y conquit successivement le grade de général de brigade et de général de division, et
continua à y combattre jusqu'à l'évacuation du pays.

Inspecteur général d'infanterie sous la première Restauration, il accepta
du service aux Cent-Jours, et commandait une division à Waterloo.

Rendu à la vie civile après la seconde abdication de l'Empereur, il fut
envoyé par le département de l'Aisne, en 1819, à la Chambre des Députés.
On sait la part active qu'il prit aux luttes parlementaires de cette époque.

2. Abbatucci (Jean-Charles), né en Corse le 15 novembre 1770, servit
d'abord dans l'artillerie.

Remarqué de Pichegru qui se l'attacha en qualité de premier aide de
camp, il fit avec distinction sous ce général la campagne de Hollande et
fut nommé à 24 ans adjudant général, chef de brigade.

Passé à l'armée de Rhin-et-Moselle, la bravoure et les talents qu'il dé-
ploya dans la campagne de 1796 lui valurent de Moreau des félicitations

Le service de la tête de pont, après la mort d'Abbatucci, fut réglé de la manière suivante :

La 3e demi-brigade d'infanterie légère, les 24e, 38e, 74e et 89e de ligne fournirent chacune un bataillon qu'elles relevaient tous les dix jours.

Le commandement roula entre les généraux Girard *dit* Vieux[1] et Desenfants[2] et les chefs de brigade Cassagne

---

publiques et le grade de général. Pendant la retraite, il fut constamment à l'arrière-garde, soutint avec succès les derniers combats de la rive droite, et resta chargé de la défense de la tête de pont d'Huningue.

A la paix, Moreau lui fit élever, non loin du lieu où il avait été frappé, un modeste monument que des soldats autrichiens soudoyés, dit-on, par des Bâlois, firent sauter en 1816. Trois ans après, les habitants d'Huningue ouvrirent une souscription à laquelle princes, ministres et généraux tinrent à honneur de contribuer : une pyramide, dont les bas-reliefs retraçaient les phases principales de la vie et de la mort du glorieux soldat fut élevée sur les glacis de la place.

La ville d'Ajaccio lui a élevé aussi une statue.

Le soir du 30 novembre, Abbatucci, prévenu de l'imminence d'une attaque, faisait sous sa tente la veillée des armes avec quelques officiers, le capitaine Foy, le capitaine Dode, depuis maréchal de France, qui a attaché son nom aux travaux de fortification de Paris, et plusieurs autres.

Les premiers coups de feu vinrent l'interrompre au moment où il lisait à ses compagnons les vers du poète :

.... Ultor eris mecum ; aut, aperit si nulla viam vis,
Occumbes pariter ; neque enim, fortissime, credo,
Jussa aliena pati et dominos dignabere Teucros.
(*Énéide*, livre X, vers 864.)

(Tu m'aideras à les venger : ou si nos efforts sont impuissants, tu succomberas avec moi ; car j'en suis sûr, jamais tu ne daigneras, ô mon généreux compagnon, subir le joug de l'étranger ni reconnaître les Troyens pour tes maîtres.)

1. GIRARD *dit* VIEUX, né à Genève le 9 août 1750, débuta à 18 ans dans les gardes suisses et fut licencié après 12 ans de services avec le grade de sergent instructeur. Il reprit du service en 1791, fut nommé le 8 septembre de cette année chef du 3e bataillon de la Gironde et obtint le 2 novembre 1793 le grade de général de brigade. De 1792 à 1800, il servit sans interruption aux armées du Rhin, où il se distingua, notamment dans la campagne d'Allemagne de 1796.

Commandant de la Légion d'honneur à la création, baron de l'Empire, il fut gravement blessé à Wagram et promu grand-officier de la Légion d'honneur. Obligé par ses blessures de renoncer au service actif, il commanda le département du Pas-de-Calais et mourut à Arras le 2 mars 1811. Napoléon lui fit élever dans un bastion de la citadelle de cette place un modeste mausolée où fut plus tard déposé son cœur.

Son nom est gravé sur les tables de l'Arc-de-Triomphe.

2. DESENFANTS, né le 4 août 1765 à Saint-Rémy-en-Chaussée (Nord). Il servit pendant 8 ans comme simple carabinier. A la Révolution, il

et Clusel [1], qui se relevaient tous les quatre jours, mesure peu favorable à la régularité des opérations de la défense.

Le commandement de l'artillerie fut d'abord exercé à tour de rôle par un certain nombre d'officiers se relevant de cinq en cinq jours, mais on sentit bientôt tous les inconvénients du manque d'unité dans la direction de cet important service, et le chef de brigade Allix [2] fut nommé commandant en chef de l'artillerie de la tête de pont et de la place, avec les capitaines Foy et Ferno [3] pour adjoints.

devint capitaine de grenadiers en 1791, chef de bataillon en 1793 et général de brigade le 28 janvier 1794.

Employé de 1792 à 1800 aux armées du Nord et du Rhin, il fit les campagnes de 1806 et de 1807, servit au siége de Dantzick et mourut l'année suivante à Mayence, le 8 janvier 1808. Il était commandant de la Légion d'honneur.

1. CLUSEL, né à Nevers le 1er mai 1752.

Il servit pendant 10 ans comme simple soldat aux gardes françaises, de 1770 à 1780 ; reprit du service en 1781 au 24e régiment d'infanterie avec lequel il fit la campagne d'Amérique et se retira en 1789 avec le grade de sergent de grenadiers.

Lieutenant de garde nationale en 1790, adjudant-major en 1793, il fut nommé chef de brigade à la suite de la 56e le 14 novembre de la même année.

On perd ses traces à partir de 1797.

2. ALLIX, né à Précy (Manche) le 21 décembre 1768.

Élève en 1792 à l'École de La Fère, il était chef de bataillon le 20 juin 1793 et chef de brigade (colonel) le 14 juin 1796 ; il servit sur le Rhin, sur les Alpes et en Italie.

Il commanda l'artillerie du corps expéditionnaire de Saint-Domingue en 1802 et 1803 ; rapatrié à la suite de difficultés qu'il eut avec le général Leclerc, il fut à son retour en France mis à la retraite.

Autorisé plus tard à prendre du service en Westphalie, le roi Jérôme le fit général de brigade en 1808, général de division en 1812, et il prit part à la campagne d'Autriche de 1809, à celle de Russie en 1812, à celle d'Allemagne en 1813.

Rentré en France après le désastre de Leipzick, Napoléon lui accorda, le 28 novembre 1813, le grade de général de brigade, puis le 26 février 1814, celui de général de division.

Ayant accepté du service pendant les Cent-Jours, Allix fut compris dans l'ordonnance d'exil du 26 juillet 1815, obtint de rentrer en France en 1818 et fut rétabli en 1819 sur la liste des lieutenants-généraux.

Le Gouvernement de Juillet le replaça dans le cadre d'activité ; retraité le 1er janvier 1834, il mourut le 26 janvier 1836.

3. FERNO, né à Paris le 19 mars 1770, élève de l'École d'artillerie de La Fère et sous-lieutenant en 1792, servit sans interruption sur le Rhin, en Italie, sur les Alpes.

Colonel du 2e régiment d'artillerie à cheval, et chef d'état-major de

Le service du génie continua à être dirigé par le commandant Poitevin, ayant sous ses ordres les capitaines Dode, Wendeling, Héré[1] et Laurent[2].

Les pontonniers étaient commandés par les capitaines Ribel et Helick; le premier, malgré ses soixante ans, se distingua jusqu'à la fin du siége par une infatigable activité.

L'adjudant général Donzelot, enfin, chef d'état-major de l'aile droite de l'armée de Rhin-et-Moselle, prenait une part active à la défense.

Les batteries du corps de place, par leur active participation à la lutte d'artillerie, incommodaient fort les Autrichiens qui, pour les réduire au silence, dirigèrent le 12 décembre sur la ville une violente canonnade qui alluma plusieurs incendies. Les assiégés, de leur côté, souffraient beaucoup des batteries Charles et Élizabeth qui ne cessaient de couvrir les barques de leurs projectiles; ils se décidèrent à leur opposer une batterie que l'on établit sur la rive gauche en avant de la digue. Armée de deux obusiers et de deux mortiers, elle ouvrit son feu le 22 décembre et produisit le meilleur effet; pendant plusieurs jours, les canonniers autrichiens, fort occupés à lui répondre, cessèrent d'inquiéter les communications.

Vers la même époque, Ferino, préoccupé de la possibilité d'une nouvelle violation de la neutralité suisse, fit armer la petite et la grande lunette de Bâle.

Quant aux travaux de perfectionnement des ouvrages

---

l'artillerie du 1er corps de la Grande-Armée, il fut emporté par un boulet à Friedland, le 14 juin 1807.

1. HESSELAT dit HÉRÉ, né à Lunéville le 28 février 1765, admis d'abord comme adjoint du génie, entra par la suite à l'École de Metz. Après avoir servi brillamment à Huningue, il fut employé aux travaux de fortification d'Anvers, et reçut plus tard le commandement d'une compagnie de mineurs à la tête de laquelle il figura au second siége de Saragosse en 1809.

2. LAURENT, né à Besançon le 18 mai 1778, élève de l'École de Metz, servit sur le Rhin et en Italie. Chef de bataillon en 1810, il mourut colonel, directeur des fortifications à Strasbourg, en 1835.

de la tête de pont, ils n'avançaient plus qu'avec une lenteur désespérante. Le peu de bateaux dont on disposait suffisant à peine à ravitailler la garnison en vivres et munitions, l'arrivage de matériaux était presque suspendu : l'argent se faisait de plus en plus rare, un froid excessif avait gelé profondément la terre, rendant presque impossibles tous travaux de terrassement ; aussi eut-on toutes les peines du monde à réparer et achever les palissadements.

Sans baraques, sans tentes, obligés à bivouaquer sans feu au pied des parapets, par un froid des plus rigoureux, les troupes eurent alors à supporter de cruelles souffrances qu'elles enduraient avec une stoïque résignation. Mal vêtu, pieds nus, on entendait parfois le soldat murmurer, demander de l'argent, des habits, du bois surtout, mais la fermeté des chefs parvint à maintenir toujours une exacte discipline. Tous les ordres étaient immédiatement et ponctuellement exécutés, et si parfois quelque malheureux, vaincu par la souffrance, refusait le service, si quelque mauvaise tête poussait à la désobéissance, les autres en faisaient justice. On vit les officiers de la 3e demi-brigade légère se constituer en tribunal d'honneur et réclamer la mise en jugement de deux de leurs camarades coupables de défaillance.

Le dégel qui survint le 18 décembre permit enfin de donner aux travaux un peu d'activité, et l'on commença dans l'ouvrage à cornes les logements que la garnison attendait avec impatience. Ce furent des tranchées de 5 pieds de profondeur, 7 pieds de largeur au plafond, que l'on recouvrit de poutrelles et de madriers chargés de deux ou trois pieds de terre : les officiers eurent des excavations semblables, de 6 pieds sur 20. « Enfin ! — écrit avec bonheur un des officiers, — nous eûmes des logements chauds et à l'abri de l'obus ! » Il fallait certes à ces braves gens une forte dose de résignation pour se plaire en ces terriers, sous le plafond desquels la moindre bombe

les eût ensevelis. L'auteur d'un *Précis du siège* avoue que
ces fameux logements n'étaient pas parfaits, et qu'ils se-
raient devenus extrémement périlleux si l'ennemi avait
jeté des bombes, d'autant que le soldat, qui ne réfléchit
ordinairement guère, avait en eux la plus aveugle con-
fiance. « Peut-être, dit-il, nous taxera-t-on d'inconsé-
« quence et dira-t-on qu'il aurait mieux valu ne rien faire
« que de travailler, pour ainsi dire, à seconder les moyens
« destructeurs. Mais nous avions si peu de moyens et
« le soldat souffrait si cruellement! Il fallait absolument
« lui prouver qu'on s'occupait de sa conservation, et ne
« pouvant le mettre à l'abri des armes de l'ennemi et en
« même temps des intempéries de la saison, nous travail-
« lâmes à son bien-être et il fut content. Dès qu'on eut
« des baraques, tout alla bien; les soldats aimaient mieux
« être à la tête de pont que dans la place, il n'aurait plus
« fallu que des souliers pour achever de ramener la gaieté
« et les chansons. »

Le 5 janvier 1797, on commença le petit ravelin 2 en
avant de l'ouvrage à cornes.

C'est dans cette situation que les assiégés reçurent la
nouvelle de la reddition de Kehl[1]; ils ne doutèrent pas
que les Autrichiens ne se décidassent à mettre tout en
œuvre pour venir à bout de leur résistance, et se préparèrent à de nouveaux combats.

Moreau, cependant, ne dissimula pas au Directoire que,
devant une attaque régulière, il ne fallait pas compter sur
une longue défense, et que tout ce qu'on pouvait raisonnablement espérer était de forcer l'ennemi à faire les prépa-
ratifs d'un siége en règle, sauf à entrer en pourparlers

---

1. Le siège de Kehl avait commencé le 25 octobre; comme à Huningue,
les défenses n'étaient qu'ébauchées.

Les généraux Desaix et Saint-Cyr se partageaient le commandement de
la place, se relevant tous les cinq jours; les Autrichiens étaient aux
ordres de l'archiduc Charles, secondé par le général de la Tour.

La place se rendit le 10 janvier, après 50 jours de tranchée ouverte
marqués par plusieurs actions de vive force: les assiégeants avaient jeté
125 803 projectiles et développé près de 50 km de tranchées.

quand toute possibilité de prolonger la résistance serait
perdue.

Jusqu'au 16 janvier, les Autrichiens furent tranquilles,
occupés à se fortifier dans leurs établissements d'aval. Les
assiégés en profitèrent pour construire à la pointe de l'île
un batardeau destiné à relever le niveau du petit bras du
Rhin. Bien que fait à la hâte et rien qu'avec du gravier,
cet ouvrage remplit convenablement son office : au bout
de quatre jours, il avait retenu trois pieds d'eau.

Dans la nuit du 16 au 17, l'ennemi commença en deux
points sa première parallèle. Une amorce partant des batteries Charles suivait la chaussée de Fribourg sur un développement de 500 mètres; l'autre liait les batteries
Ferdinand à la communication centrale descendant du
plateau. Il réussit à nous dérober ce travail, mais au jour,
les batteries de la défense firent un feu assez vif sur les
travailleurs qui durent être retirés.

Le travail de la nuit suivante fut peu important. Gênés
par nos avant-postes, les Autrichiens demandèrent qu'ils
fussent reculés, s'engageant à reculer pareillement les
leurs ; la chose convenue, trouvant les nôtres encore trop
rapprochés, ils leur crièrent de s'éloigner davantage, et
comme leur sommation restait sans effet, ils jetèrent
quelques paquets de mitraille. Nos avant-postes se repliè-
rent et il s'ensuivit quelque émoi : les choses toutefois
rentrèrent bientôt dans l'ordre et chacun reprit ses premiers emplacements.

Le 18, les assiégés construisirent sur la rive gauche,
entre le quai d'embarquement et la redoute à mâchicoulis,
une batterie de 4 pièces de 12 pour flanquer les abords de
la lunette 3 ; elle fut prête à tirer dès le lendemain. La
chose ne se fit pas sans éveiller les ombrageuses suscepti-
bilités des Bâlois. Très préoccupés, depuis l'affaire du
30 novembre, de faire respecter leur neutralité, surtout,
il faut bien le dire, par les Français, ils avaient entamé
avec Ferino une interminable correspondance au sujet

d'une prétendue violation de territoire que commettaient journellement nos pontonniers, en coupant une partie du lit du fleuve dépendant du territoire de Bâle. Ils avaient même fait mouiller quelques bouées de démarcation : on en fut quitte pour couper nuitamment les cordes de retenue et pour mettre l'accident au compte de la violence du courant, et les pontonniers continuèrent à suivre la seule ligne de navigation qui, avec des bateaux peu maniables et lourdement chargés, permît d'aborder commodément dans l'île. Les Bâlois, quand ils virent s'élever notre nouvelle batterie de la rive gauche, représentèrent qu'elle allait attirer sur leur territoire les projectiles autrichiens. Ferino les éconduisit, en leur objectant qu'ils n'avaient pas été si timorés lorsqu'ils laissaient les Autrichiens établir à deux pas de leur frontière une batterie toute semblable.

Les assiégeants employèrent les jours suivants à achever la première parallèle et à construire plusieurs nouvelles batteries. De notre côté, on en construisit une seconde sur la rive gauche, non loin de celle qui avait tant ému les Bâlois; elle fut armée de 3 pièces de 8. On décida aussi de renforcer l'armement de la tête de pont de 9 pièces de gros calibre, 6 dans l'ouvrage à cornes et 3 dans la lunette, plus 4 mortiers dans les demi-bastions de l'ouvrage à cornes ; la construction des plateformes commença le 21 et tout fut en place pour le 25.

Le 22, débouchant enfin de la parallèle, les Autrichiens commencèrent le long du Rhin une tranchée à crochets dirigée contre nos redans 5 et 6. Les assiégés, de leur côté, hissèrent sur le cavalier de Bâle deux grosses pièces de 24 destinées à inquiéter un camp nouvellement formé dans le bois de Nonnenhölzlein ; ils préparèrent aussi, tant sur la rive gauche que dans l'île en aval de celle des Cordonniers, quelques batteries dirigées sur le saillant de la lunette, contre lequel on supposait que l'ennemi allait pousser ses cheminements.

Le 23 et le 24, malgré le feu soutenu de nos ouvrages, l'ennemi travailla activement à ses tranchées du bord du Rhin.

La journée du 25 fut marquée par une vive fusillade sur nos avant-postes ; ils durent même se replier momentanément avec une perte d'une vingtaine d'hommes : on les replaça d'ailleurs à la chute du jour. Dans la nuit, le chef de brigade Cassagne, de service à la tête de pont, s'étant aperçu que les Autrichiens ouvraient la seconde parallèle à 600 m de la lunette, le long d'un petit ruisseau qui coule en avant de la chaussée de Fribourg, résolut de les inquiéter. A onze heures, il fait porter sur plusieurs points de petits détachements de 4 ou 5 hommes, avec ordre de s'avancer en rampant le plus près possible des travailleurs, de lâcher leur coup de fusil et de se replier au pas de course. Cette ruse eut un plein succès, et le désordre se mit parmi les travailleurs ; en même temps quelques officiers, portés en avant des ouvrages, jetaient à pleine voix des commandements à une colonne imaginaire et les tambours battaient la charge. L'ennemi, croyant à une attaque générale, se hâte de porter ses gardes de tranchée sur les points où il présume avoir à nous recevoir ; l'artillerie ouvre alors un feu à mitraille qui fit perdre aux Autrichiens pas mal de monde. Sur les deux heures du matin, la canonnade éteinte, ceux-ci reprirent le travail et firent bonne besogne : au jour ils avaient achevé la seconde parallèle et ouvert un boyau de communication.

Les assiégés ne restèrent pas non plus inactifs : le 26, en avant de la digue, ils construisirent encore deux batteries de mortiers.

La nuit du 26 au 27, l'ennemi commença la troisième parallèle et arma deux nouvelles batteries ; on l'inquiéta tant qu'on put par un tir à mitraille.

La journée du 27 fut employée par lui à perfectionner le travail de la nuit ; il comptait terminer sa parallèle dans la nuit du 27 au 28, mais il en fut empêché par les bonnes dispositions de Cassagne qui posta dans les redans quatre compagnies sous le feu desquelles les travailleurs ne purent se maintenir ; par contre, il avança ses travaux le long du fleuve.

Dans la nuit du 28 au 29, dès que les Autrichiens eurent placé les travailleurs, Cassagne recommença la comédie de l'avant-veille et réussit encore à jeter pas mal de désordre dans leurs tranchées ; puis, lorsque tout fut rentré dans le calme, il organisa une vraie sortie.

La garnison habituelle ayant été à cet effet renforcée d'un second bataillon de la 74ᵉ, Cassagne disposait d'environ 1 200 hommes qu'il partagea en deux colonnes. La première se forma en avant de la lunette, et eut l'ordre de se porter sur la gauche de l'ennemi, de culbuter ce qui se rencontrerait dans la seconde parallèle, de la dépasser, d'enlever la première et de s'y maintenir assez longtemps pour permettre à des travailleurs de détruire les derniers travaux de l'ennemi ; la seconde se forma dans les redans 5 et 6, avec mission de se porter jusque dans les batteries Charles et Élizabeth, d'enclouer et de briser les affûts des pièces si on ne pouvait pas les ramener, et de tenir dans la première parallèle le temps voulu pour permettre aux travailleurs d'effacer les crochets du bord du Rhin.

Vigoureusement enlevée par le capitaine Martin, de la 38ᵉ demi-brigade, la colonne de droite eut un succès complet ; elle poussa jusqu'à la batterie de Neuhaus, auprès d'une ferme détruite par le canon, ramena deux pièces de 7, brisa ou encloua plusieurs autres bouches à feu dans les batteries voisines, et se retira en emportant beaucoup d'outils et d'agrès. Pendant cette expédition, les travailleurs avaient comblé une partie de la deuxième parallèle.

La colonne de gauche trouva plus de résistance et elle eut assez de peine à pousser les Autrichiens jusque dans la première parallèle. L'officier qui la commandait parvint cependant avec quelques grenadiers et quelques

travailleurs dans la batterie Charles, et renversa deux
pièces dont il brisa les affûts. L'ennemi venant à la res-
cousse, on se replia après avoir effacé un crochet et détruit
une portion de parallèle, ramenant des outils, des agrès et
quelques prisonniers.

Le 29 janvier, la canonnade redoubla d'intensité, les
Autrichiens ayant voulu éteindre nos batteries de la rive
gauche que nous venions de renforcer encore de trois
pièces de 12 et de deux mortiers de 12 pouces. A la nuit,
ils prirent l'offensive et dirigèrent à trois reprises des dé-
monstrations sur les redans ; nous y avions quatre compagnies qui faisaient bonne garde et dont la contenance ôta
à l'ennemi l'envie de pousser ses attaques à fond. De notre
côté, le général Desenfants, de service, avait résolu une
nouvelle sortie et avait appelé à cet effet dans les ouvrages
tout le bataillon de sapeurs, avec une compagnie de travailleurs d'infanterie armés de haches ; mais voyant que les
Autrichiens étaient sur leurs gardes, il remit la partie et
se contenta d'activer le feu de toutes nos batteries ; au
jour, on reconnut que la troisième parallèle était achevée,
et que les Autrichiens avaient amorcé deux cheminements
sur la lunette.

Les commencements de la nuit du 30 au 31 janvier
furent calmes ; le feu, qui avait pris dans la journée une
terrible intensité, se ralentit sensiblement du côté des
Autrichiens et l'on en conjectura qu'ils s'occupaient à dé-
placer une partie de leur artillerie pour armer la troisième
parallèle. A 3 heures 1/2 du matin, Desenfants, reprenant
son projet de la veille, fit une vigoureuse sortie.

Il divisa ses troupes en trois colonnes :

Celle de gauche, formée d'un bataillon de la 89e et de
trois compagnies de grenadiers, devait partir dés redans,
prendre à revers la tranchée des bords du Rhin et se porter droit aux batteries Charles et Élizabeth pendant que
cent sapeurs, sous la protection d'une compagnie en armes,
détruiraient les crochets.

Celle de droite, composée d'un demi-bataillon de la 74e
et de deux compagnies de grenadiers, devait déboucher
par la droite de la lunette, enlever les troisième et deuxième
parallèles, et culbutant les batteries, pousser jusqu'à la
première parallèle pendant que les sapeurs effaceraient
les nouveaux cheminements dirigés contre le saillant de
l'ouvrage.

Celle du centre, enfin, forte de huit compagnies, débouchant par la gauche de la lunette, devait pousser droit
devant elle jusqu'à la première parallèle et donner la main
aux attaques latérales.

L'attaque de droite réussit à merveille ; les Autrichiens
ne tinrent pas et se laissèrent enlever encore deux pièces
de canon ; cinq autres furent enclouées.

La colonne du centre ne rencontra aussi qu'une faible
résistance ; elle parvint à la première parallèle, mais en
obliquant un peu trop à droite.

Celle de gauche fut moins heureuse, elle s'égara et au
lieu de prendre les tranchées à revers, défila le long du
Rhin. Cette erreur fit perdre du temps, l'attaque fut décou-
sue ; cependant le brave chef de bataillon Deribes qui la
commandait parvint jusqu'aux batteries qu'il aurait peut-
être réussi à détruire s'il eût été soutenu. Malheureuse-
ment il fut blessé à mort et Desenfants dut ordonner la
retraite qui se fit en bon ordre sans que l'ennemi osât
nous presser.

Cette chaude affaire coûta aux deux partis des pertes
sensibles ; les Autrichiens, pour leur part, laissèrent entre
nos mains une cinquantaine de prisonniers.

Le 31 janvier, les Autrichiens ayant démasqué de nouvelles batteries, le feu des deux côtés prit une nouvelle
violence. La garnison eut beaucoup à souffrir, étant restée
toute la journée sous les armes dans l'attente d'une attaque que tout annonçait comme imminente ; elle n'en travailla pas moins à deux petits ouvrages 4 destinés à flanquer la lunette.

La nuit ne ralentit pas la canonnade; les Autrichiens tentèrent encore sans succès plusieurs attaques contre les redans; au jour, on s'aperçut qu'ils avaient commencé à relier leur tranchée du bord du Rhin à la troisième parallèle.

Le 1er février, un conseil de guerre s'assembla chez le général Ferino, pour discuter de l'opportunité de prolonger la défense.

Le moral de la garnison était intact; nous n'avions encore perdu aucune de nos défenses extérieures, les munitions n'étaient pas épuisées, et l'on pouvait tenir encore quelques jours.

Mais fallait-il, outrepassant les instructions du général en chef et du Directoire, s'opiniâtrer dans une résistance dont l'issue ne pouvait être douteuse, et devait-on risquer, soit de voir enlever de vive force la tête de pont, soit d'aboutir à une capitulation qui eût livré à l'ennemi l'important matériel de guerre accumulé dans les ouvrages, peut-être même la garnison?

Ou ne valait-il pas mieux, quand il en était temps encore, essayer d'obtenir une convention honorable, et conserver à la France les braves gens qui, depuis trois mois, avaient fait preuve de tant d'héroïsme?

A l'unanimité, le conseil fut d'avis que, les instructions du Gouvernement étant remplies, l'honneur permettait d'entrer en négociations avec l'ennemi, et le général de division Dufour fut envoyé au quartier général du prince de Furstemberg. Il en rapporta à 4 heures une convention très avantageuse.

L'article premier stipulait que les troupes françaises évacueraient la tête de pont le 5 février, avec armes, bagages, munitions et tout ce qui sert à la défense.

A midi précis dudit jour, les troupes de S. M. l'Empereur et Roi devaient entrer dans la tête de pont, y compris l'île des Cordonniers et l'ouvrage à cornes y placé; elles en prendraient possession comme de tout ce que les troupes françaises pourraient y avoir laissé.

Le général autrichien avait le droit de faire démolir librement, dans l'espace de six semaines, les ouvrages de la tête de pont et de l'île des Cordonniers, en prenant toutefois les précautions nécessaires pour que la ville d'Huningue n'en fût pas endommagée. En revanche, il s'engageait à détruire dans le même délai les retranchements construits par lui sur la rive droite, et à remettre tout au même état où étaient les choses avant le passage du Rhin par les troupes françaises.

Il restait à la garnison un dernier devoir à remplir.

Aussitôt les signatures échangées, on se mit à l'ouvrage pour évacuer de la tête de pont tout le matériel qu'elle renfermait. Poudres, canons, boulets, agrès, palissades, blindages et jusqu'aux gabions et aux saucissons, tout fut ramené dans la place.

Lorsqu'au jour et à l'heure convenus, les Autrichiens prirent possession des ouvrages, on raconte que le prince de Furstemberg dit à Ferino :

« Que diable me laissez-vous donc dans votre forteresse ?

« Tout, absolument tout, — répondit le général français, — le ciel, la terre et l'eau. »

SIÉGE DE 1814

(21 décembre 1813 — 15 avril 1814).

Dix-sept ans plus tard, le 21 décembre 1813, à la suite des désastres de la campagne d'Allemagne, les Austro-Bavarois, franchissant le Rhin à Schaffouse et à Bâle, envahissaient l'Alsace et investissaient Huningue.

La place, comme tant d'autres, avait été pendant les guerres de l'Empire laissée à l'état d'abandon, et rien n'était prêt pour le siége.

Les chemins couverts n'étaient pas entièrement palissadés, pas un bâtiment n'était blindé, et il manquait une foule d'objets de première nécessité.

L'approvisionnement en vivres, liquides, bois de chauffage, etc., était insuffisant de moitié ; le service médical était à peu près complètement dépourvu de médicaments, linge, charpie, etc., etc.

La garnison, aux ordres du colonel Chancel, était forte d'environ 3 600 hommes, dont plus des deux tiers de gardes nationaux en habits bourgeois. La faiblesse et la composition de cette troupe ne permit pas à son chef de disputer les villages environnants ni d'en tirer les quelques ressources qu'ils auraient pu lui fournir ; dès le 21 au soir, il était étroitement bloqué.

Malgré des souffrances inouïes, héroïquement supportées par la garnison et la population civile, malgré la disette des vivres et la rigueur d'un hiver exceptionnel, Chancel tint tête aux Autrichiens pendant près de quatre mois, soutenant plusieurs bombardements, et les forçant à entreprendre les opérations d'un siége régulier.

A la fin de février, les assiégés étaient depuis longtemps réduits à une faible ration d'un pain grossier, mélangé de farine d'avoine ; les denrées, à peu près introuvables, avaient atteint un prix exorbitant, et l'on payait 40 sous pour une livre de viande de cheval ou de chien.

La mortalité était effrayante ; dans les premiers jours d'avril, la garnison était réduite à 720 hommes en état de faire le service, le feu, la maladie, la désertion en avaient enlevé 2 337.

Et cependant, sourd à toutes les sollicitations du baron de Zoller, commandant le corps de siége, Chancel refuse obstinément d'accepter une capitulation.

« Lorsque j'ai eu l'honneur de vous écrire ce matin « (10 avril) que j'étais disposé à prendre des arrangements « pour concilier les intérêts de l'humanité avec votre res « ponsabilité et la mienne, il ne s'agissait en aucune ma « nière de capitulation ni même de la remise d'aucun de « mes avant-postes. Les Français ne capitulent que sur la « brèche....

« J'ai désiré arrêter l'effusion inutile du sang et non
« faire une démarche déshonorante.....

« Voilà mon ultimatum, et si vous avez mal jugé de
« mes intentions par ma lettre et que vous ne croyiez pas
« devoir suspendre les hostilités, vous vous convaincrez
« bientôt que je ne crains pas le combat. » (Lettre de
Chancel au général baron de Zoller.)

Cette énergique attitude épargna à Chancel la dou-
leur d'une capitulation. Quatre jours après, le 14 avril,
il signait avec le commandant autrichien une convention qui mettait fin aux hostilités et qui conservait au Roi
Louis XVIII la possession de la forteresse d'Huningue.
Les alliés, pour prix de leur succès, ne stipulaient pour
eux d'autre avantage que celui de faire entrer dans la place
« un nombre de troupes égal à la force des hommes de la
« garnison disponibles pour le service [1]. »

---

1. CHANCEL, né à Loriol (Drôme) le 12 janvier 1766.
Il servit d'abord comme simple soldat, de 1784 à 1787, au régiment de
la Couronne.
A la Révolution, il reprit du service au bataillon de la Drôme ; après
la fusion des anciens et des nouveaux corps, il passa avec le grade de
capitaine à la 83e demi-brigade et fut promu chef de bataillon le 26 février 1794.
Passé avec son bataillon à l'armée d'Italie, il se distingua le 16 janvier
1797 à la bataille de la Favorite, au gain de laquelle il contribua puis-
samment. Le général Victor, autorisé par Bonaparte, voulut le récompen-
ser par le grade de chef de brigade ; Chancel, aussi modeste que brave,
déclina la récompense qu'il fit attribuer à un de ses camarades.
Le 5 mai 1800, à l'affaire de Moëskirch, un boulet de canon lui emporta
le bras gauche ; il dut dès lors renoncer à faire campagne, et le 23 juin
1801, il était nommé colonel commandant d'armes à Huningue, qu'il dé-
fendit en 1814.
L'année d'après, toujours colonel, il se retrouvait dans la place, sous
les ordres de Barbanègre, et reçut pendant le 3e siège un éclat d'obus à
la tête.
Il fut secondé, dans sa belle défense de 1814, par le colonel du génie
PINOT, né à Versailles le 27 mai 1773. Il avait débuté comme adjoint,
était entré à l'École de Metz en 1801, et avait été promu chef de bataillon en 1811 et colonel en 1813. Employé pendant quatre ans dans la
Péninsule, Pinot avait pris part à quelques-unes des mémorables siéges de
cette époque, Tarragone, Burgos, etc.
Le colonel Pinot fut retraité en 1833, comme colonel, directeur des
fortifications à Montpellier.

SIÉGE DE 1815

(26 juin — 26 août 1815).

Le siége de 1815 a mis en relief l'héroïque figure de Barbanègre.

La fortune de la France venait de sombrer aux champs de Waterloo, pour la seconde fois le flot de l'invasion se ruait par nos frontières et venait battre déjà les murailles de la forteresse mutilée par le siége de l'année précédente.

Enfermé dans Huningue avec 150 hommes de troupes régulières et quelques bataillons de gardes nationaux sans instruction, sans équipement ni habillement, au sein desquels la désertion fit bientôt des progrès effrayants, Barbanègre se vit investi le 26 juin par un corps autrichien de 20 000 hommes aux ordres de l'archiduc Jean. Sommations et ruses de guerre étant restées sans effet, l'ennemi dut faire à cette infime garnison l'honneur d'un siége en règle, et développer contre elle un formidable armement.

« Si les événements venaient à me surprendre, — écrivait Barbanègre le 9 juin, — je suis sûr d'avance de ne pas perdre ma qualité d'homme d'honneur.... »

Et un mois après, à un parlementaire qui lui apportait sommation de rendre la place, avec menace de déporter toute la garnison en Sibérie :

« J'ai des provisions, de la poudre et de l'honneur, — répondait-il, — et je ne me rendrai pas. »

Après deux mois de blocus, dix jours de tranchée ouverte, et cinquante-huit heures d'un furieux bombardement exécuté par 115 bouches à feu, Barbanègre, qui avait refusé jusque-là d'ajouter foi aux renseignements sur les événements accomplis à Paris, comprit qu'il avait dépassé les bornes du possible et que s'obstiner davantage serait une folie. Le 26 août, il consentit à entrer en négociations avec l'archiduc, et obtint une capitulation qui lui permettait de sortir avec tous les honneurs de la guerre et de rejoindre l'armée de la Loire.

Les arts ont popularisé le souvenir de cette glorieuse défense, et tout le monde a admiré le beau tableau de la « Sortie de la garnison d'Huningue », conservé au musée du Luxembourg.

Le 27 août, les Autrichiens se massèrent sur les glacis pour assister au départ de Barbanègre et de sa troupe.

A 8 heures du matin, le pont-levis est abaissé. Deux tambours ouvraient la marche; puis derrière Barbanègre et quelques officiers d'état-major, une petite troupe de canonniers, voltigeurs, sapeurs, dont bon nombre d'éclopés, en tout une cinquantaine d'hommes. Cinq gendarmes fermaient cet étrange défilé.

« Mais où donc est la garnison? » demanda l'archiduc étonné de ne voir plus sortir personne.

« La garnison, mais la voilà! » répond Barbanègre en montrant ses cinquante braves.

Alors des cris d'admiration s'élevèrent des rangs ennemis et l'archiduc témoigna au général français toute l'estime que lui inspirait sa conduite [1].

---

1. BARBANÈGRE, né à Pontacq (Hautes-Pyrénées) le 22 août 1772, débuta en 1794 comme capitaine au bataillon des Volontaires des Basses-Pyrénées avec lequel il fit campagne à l'armée des Pyrénées-Orientales.

Réformé en 1796 à la suite d'une grave blessure, il ne rentra dans l'activité que le 21 février 1800, avec le grade de capitaine. Le 21 janvier 1804, il était nommé chef de bataillon et colonel le 28 août de l'année suivante. Il commanda en cette qualité le 48e de ligne, à la tête duquel il se distingua à la journée d'Austerlitz; il mérita d'être fait commandant de la Légion d'honneur le 25 décembre 1805.

Barbanègre, baron de l'Empire en 1808, et général de brigade le 1er mai 1809, fut constamment employé à la Grande-Armée, prit part à la campagne de Russie, et reçut pendant la retraite une grave blessure qui le força à s'arrêter dans Stettin. Bloqué dans cette place, et prisonnier de guerre à la capitulation, il ne rentra en France qu'en juillet 1814. La première Restauration l'employa comme inspecteur adjoint d'infanterie; aux Cent-Jours, l'Empereur lui confia d'abord le commandement du département du Loiret, et l'envoya à Huningue le 3 mai 1815. Barbanègre fut laissé en disponibilité sous la seconde Restauration et mourut à Paris le 7 novembre 1830.

Le service du génie, pendant le siège de 1815, était dirigé par le major MÉCUSSON, né à Schlestadt le 18 juin 1774. Cet officier supérieur, qui

C'en était fait de la glorieuse forteresse qui, trois fois en moins de vingt ans, avait arrêté sous ses murs les armées de l'Autriche : l'article 3 du traité de Paris condamna les fortifications d'Huningue à être rasées, sans pouvoir jamais être relevées, ni remplacées par d'autres ouvrages à une distance moindre de trois lieues de la ville de Bâle.

Les Autrichiens se chargèrent de l'exécution de la sentence, et leurs farouches ressentiments, habilement exploités, dit-on, par l'or bâlois, surent en aggraver encore la rigueur. Non contents en effet de faire sauter tous les ouvrages, ils s'attaquèrent, par une hypocrite interprétation de l'article 3, aux bâtiments militaires, casernes, magasins, hôpital, qu'ils rasèrent à moitié, vendant à leur profit tuiles, charpentes, planches et jusqu'aux portes et fenêtres ! Lorsque les souverains alliés envoyèrent l'ordre de cesser cet odieux vandalisme, l'œuvre de haine était consommée, et la plus grande partie des établissements se trouvaient pour toujours hors d'état d'être remis en état ; un manège seul fut sauvé, la ville ayant pu prouver qu'elle en avait payé la construction.

---

mourut à Toulon lieutenant-colonel le 1er octobre 1822, avait servi pendant 10 ans aux Antilles, d'où il revint en 1810 pour être employé en Espagne jusqu'à l'évacuation du pays.

Nancy, impr. Berger-Levrault et Cie.

SIÈGE D'HUNINGUE. 1796.

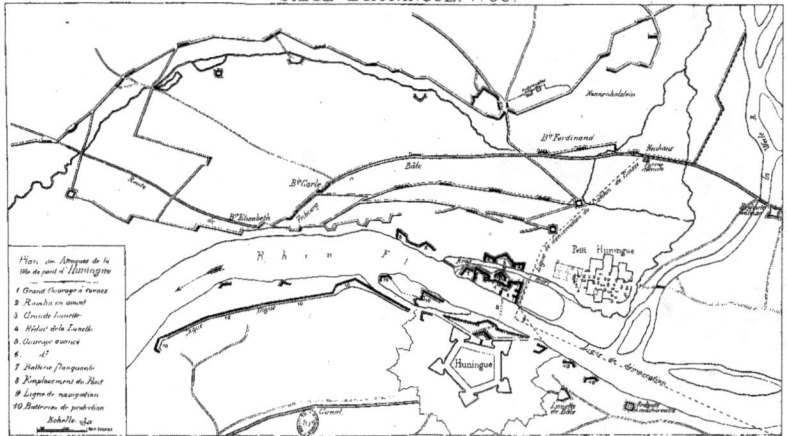

Plan des Attaques de la
tête du pont d'Huningue

1 Grand Ouvrage à cornes
2 Ravelin en avant
3 Grande Lunette
4 Réduit de la Lunette
5 Ouvrage avancé
6. d°
7 Batterie flanquante
8 Emplacement du Pont
9 Ligne de navigation
10 Batterie de protection

Echelle 1/20

Rhin Fl.

Huningue

Petit Huningue

Bâle

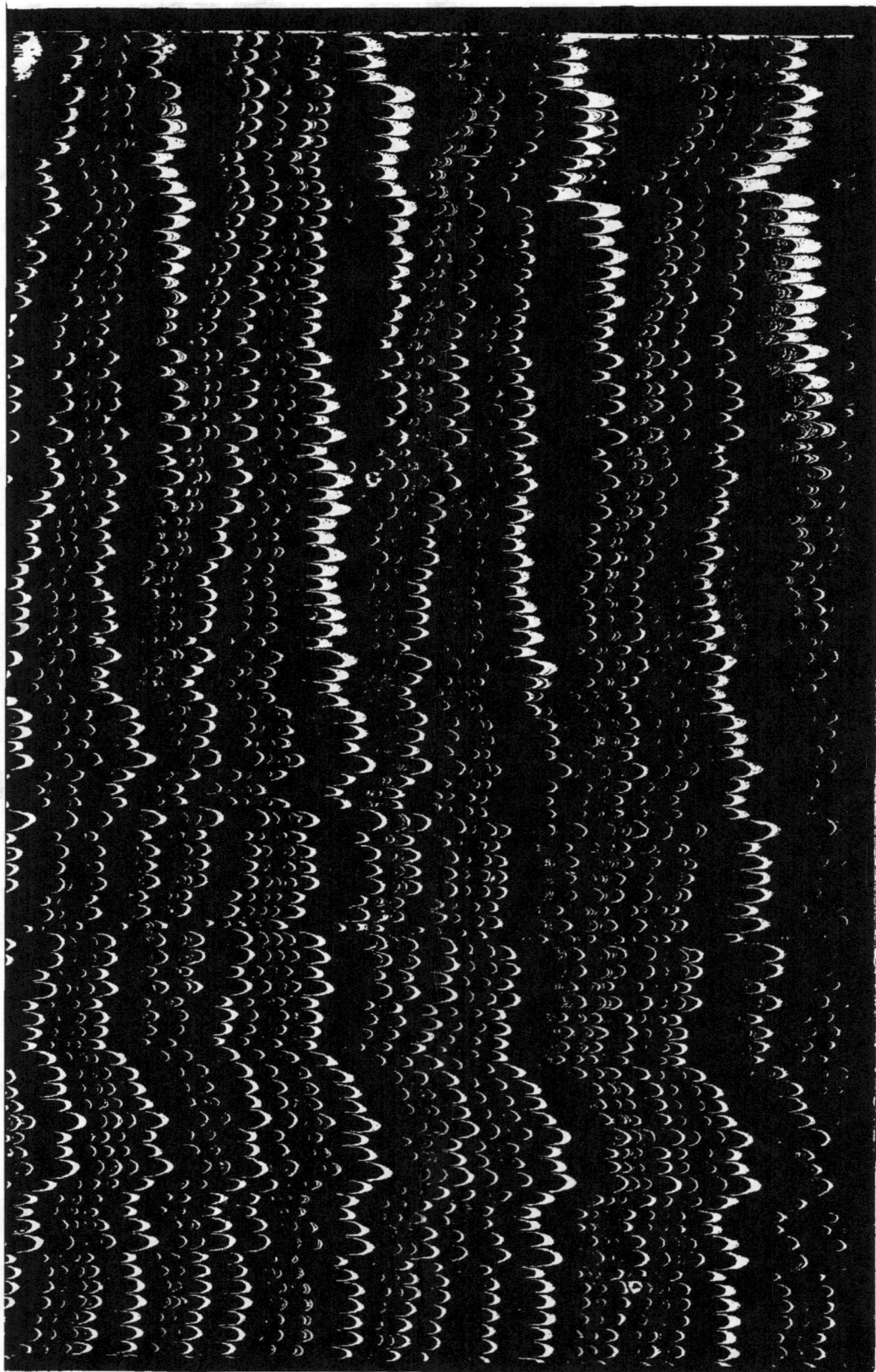

www.ingramcontent.com/pod-product-compliance
Lightning Source LLC
Chambersburg PA
CBHW060745280326
41934CB00010B/2364